# DÍA DE MUERTOS

# NÚMEROS

## A Day of the Dead Counting Book

## DUNCAN TONATIUH

**Abrams Appleseed**

**New York**

una foto

one photo

# dos incensarios

# two incense burners

# tres bebidas

# three beverages

**cuatro tamales**

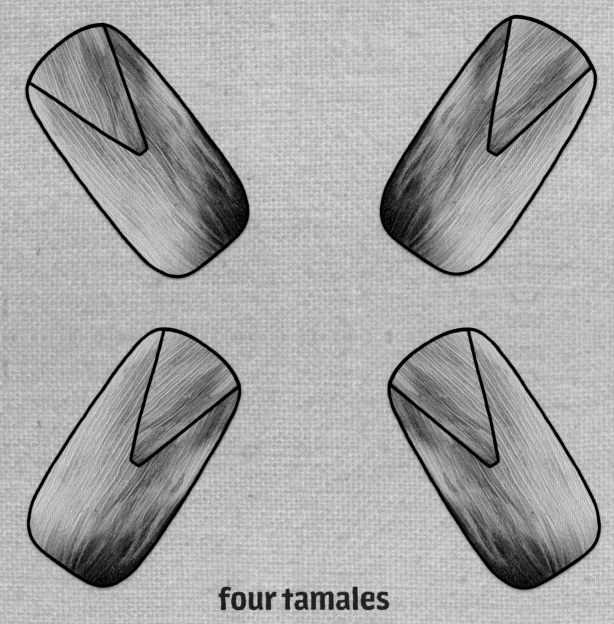

**four tamales**

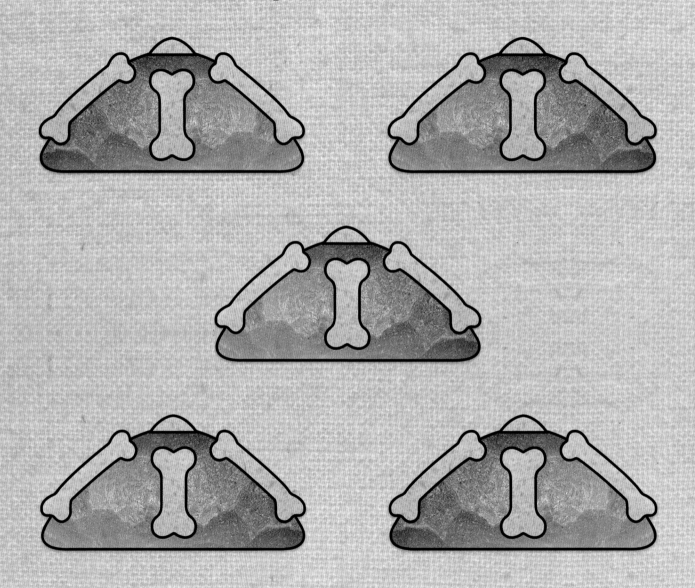

cinco panes de muerto

five bread of the dead loaves

seis velas

six candles

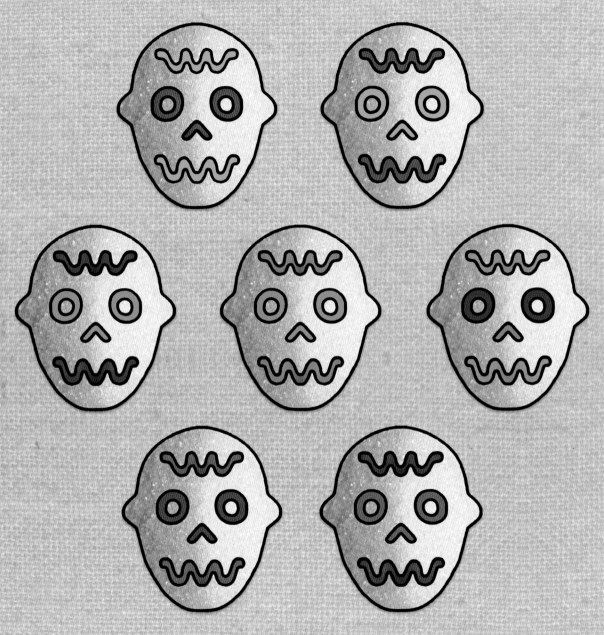

# ocho flores de cempasúchil

# eight marigolds

nueve papeles picados

nine cut-paper banners

...recordando a un ser querido
con un hermoso altar.

diez familiares y amigos...

ten family members and friends…

# Nota del autor

El Día de Muertos es una celebración para recordar a los fallecidos. Se celebra cada año el 1 y 2 de noviembre en México y en algunas partes de los Estados Unidos y Centroamérica. Durante estos días la gente visita los panteones. A veces se visten como calaveras y desfilan por las calles. En casa, es común crear un altar dedicado a sus difuntos seres queridos.

Por lo general, las ofrendas incluyen fotografías de los fallecidos, además de sus comidas y bebidas favoritas. Hay algunas diferencias regionales, pero es común colocar copal, velas y flores de cempasúchil en los altares. También es típico adornarlos con artesanías hechas especialmente para la ocasión, como papel picado, calaveritas de azúcar y pan de muerto—un pan dulce decorado con masa en la forma de huesos. En las escuelas, bibliotecas y otros lugares públicos, a veces hay altares dedicados a personalidades locales y nacionales.

¡Espero que este libro inspire a los jóvenes lectores a crear sus propios altares y a celebrar esta bella tradición!